# BEI GRIN MACHT SICH IHR WISSEN BEZAHLT

- Wir veröffentlichen Ihre Hausarbeit, Bachelor- und Masterarbeit

- Ihr eigenes eBook und Buch - weltweit in allen wichtigen Shops

- Verdienen Sie an jedem Verkauf

Jetzt bei www.GRIN.com hochladen und kostenlos publizieren

**Bibliografische Information der Deutschen Nationalbibliothek:**

Die Deutsche Bibliothek verzeichnet diese Publikation in der Deutschen National-
bibliografie; detaillierte bibliografische Daten sind im Internet über http://dnb.d-
nb.de/ abrufbar.

**Impressum:**

Copyright © 2017 GRIN Verlag
Druck und Bindung: Books on Demand GmbH, Norderstedt Germany
ISBN: 9783668478312

**Dieses Buch bei GRIN:**

https://www.grin.com/document/368291

Lukas Fleisch

# Typische Finanzierungsmöglichkeiten im Profifußball und ihre Vor- und Nachteile für Fußballunternehmen in Deutschland. Fan-Anleihe, Schmuckanleihe

GRIN Verlag

**Abstract**

Die vorliegende Hausarbeit bietet eine Bestandsaufnahme der bisher emittierten Anleihen von Fußballunternehmen in Deutschland. Darin wird deutlich, dass die Fan-Anleihe ein immer häufiger genutztes, alternatives und ergänzendes Finanzierungsinstrument der Fußballunternehmen darstellt. Jedoch ist es für den emittierenden Verein wichtig, dass er einen überregionalen hohen Bekanntheitsgrad und große Popularität aufweist, um solche Anleihen erfolgreich verkaufen zu können. Dies ist von Bedeutung, da zum Abnehmerkreis solcher Anleihen oft die treuesten Anhänger eines Vereins zählen. Erhebliche finanzielle Vorteile entstehen den Vereinen insbesondere durch die Ausgabe von Schmuckanleihen, welche oft nicht eingelöst werden.

Keywords: Finanzierungsmöglichkeiten, Fußballunternehmen, Fan-Anleihe, Schmuckanleihe

# Inhaltsverzeichnis

Inhaltsverzeichnis ........................................................................................ 3

Abbildungsverzeichnis ............................................................................... 4

Tabellenverzeichnis .................................................................................... 5

1. Einleitung ................................................................................................ 6

2. Theoretischer Hintergrund .................................................................... 7

   2.1. Definition von Finanzierung ............................................................. 7

   2.2. Definition von Innenfinanzierung .................................................... 7

   2.3. Definition von Außenfinanzierung ................................................... 7

3. Typische Finanzierungsmöglichkeiten im Profifußball und ihre Vor-
und Nachteile für Fußballunternehmen ..................................................... 8

   3.1. Finanzierung durch Eigenkapital .................................................... 8

      3.1.1. Verkauf materieller und immaterieller Vermögensgegenständen .. 8

   3.2. Finanzierung durch Fremdkapital ................................................... 9

      3.2.1. Börsennotierung/Börsengang ..................................................... 9

      3.2.2. Bankkredit ................................................................................. 10

      3.2.3. Asset Backed Securities (ABS) ................................................. 11

      3.2.4. Anleihe ...................................................................................... 12

4. Fan-Anleihe ........................................................................................... 13

   4.1. Begriffsbestimmung ....................................................................... 13

   4.2. Mittelverwendung einer Fan-Anleihe ............................................ 14

   4.3. Kaufmotive einer Fan-Anleihe ...................................................... 14

   4.4. Sammlerobjekt Schmuckanleihe ................................................... 15

   4.5. Vor- und Nachteile einer Fan-Anleihe gegenüber anderen
Finanzierungsformen ............................................................................. 16

5. Tabellarische Darstellung bereits emittierten Fan-Anleihen ............. 18

6. Fazit und Ausblick ................................................................................ 19

Literaturverzeichnis .................................................................................. 20

# Abbildungsverzeichnis

Abbildung 1: Finanzierungsalternativen im Überblick............................ 8

Abbildung 2: FC Köln Schmuckanleihe 2016|2024............................ 16

# Tabellenverzeichnis

Tabelle 1: Übersicht von ausgewählten Merkmalen bereits emittierten Fan-Anleihen. ...................................................................................... 18

# 1.Einleitung

2,6 Milliarden Euro Jahresumsatz erwirtschaftete die Deutsche Fußballbundesliga in der Saison 2015/16, ein Niveau auf dem sich MDAX- Unternehmen wie Zalando oder Evonik bewegen. Zum Elften Mal in Folge wurde damit ein neues Rekordniveau erreicht. Seit Jahren steigen sowohl die Einnahmen als auch die Ausgaben der deutschen Bundesligaclubs. In der Saison 2015/16 wurde erstmals mit Blick auf den Aufwand der Spitzenwert von über drei Millionen durchbrochen. Im Vergleich zur vorangegangen Spielzeit handelte es sich um eine Kostenerhöhung von 18,1% (DFL, 2017).

Die Beschaffung ausreichender liquider Mittel stellt somit für Fußballclubs eine existenzielle Aufgabe dar, da die Gehaltsaufwendungen für Sportler den Unternehmenserfolg determinieren (Weimar & Fox 2012). Neben den klassischen Möglichkeiten zur Kapitalbeschaffung hat sich als alternative Finanzierungsmöglichkeit seit 2004, dem Zeitpunkt der erstmaligen Emission solcher Anleihen, im deutschen Profifußball die sogenannte Fan-Anleihe etabliert.

Ein Grund für die gestiegene Beliebtheit solcher Anleihen ist die immer strengere Kreditvergabepraxis durch die Banken, besonders durch die neu eingeführten Rahmenvereinbarungen Basel II und Basel III. Durch eine erfolgreiche Platzierung einer Fan-Anleihe kann die Unabhängigkeit von Hausbanken gestärkt werden, ohne dass Änderungen des Gesellschafterkreises hingenommen werden müssen. Dies ist angesichts der strengen Vorschriften des DFB und der DFL, ein willkommener Nebeneffekt der Fremdfinanzierung (Hasler, 2014).

Im Folgenden werden die Definitionen der wichtigsten Grundbegriffe der Finanzierung erläutert. Danach werden ausgewählte Innen- bzw. Außenfinanzierungsmöglichkeiten von Fußballunternehmen genauer beschrieben und im Anschluss wird der Fokus auf die Fan-Anleihen als Außenfinanzierungsinstrumente gerichtet. Außerdem wird in diesem Kapitel die besondere Ausprägung der Schmuckanleihe beleuchtet. Auch die Vor- und Nachteile der Fan-Anleihe gegenüber den klassischen Finanzierungsmöglichkeiten sollen dargestellt werden. Zum Schluss erfolgt eine Übersicht der wesentlichen Eigenschaften bereits emittierter Fan-Anleihen, sowie das Fazit und ein Ausblick.

## 2. Theoretischer Hintergrund

Im folgenden Kapitel wird die theoretische Grundlage anhand der Definitionen der Begriffe Finanzierung, Innenfinanzierung und Außenfinanzierung geschaffen.

### 2.1. Definition von Finanzierung

Der Finanzierungsbegriff im engeren Sinne umfasst die Beschaffung von Kapital, um damit die Zahlungs- sowie die Leistungsfähigkeit eines Unternehmens sicherzustellen (Jahrmann, 2009). Die Finanzierung beginnt meist mit einem Zahlungsstrom, der zu einer Einzahlung beim Unternehmen führt, auf die im weiteren Zeitverlauf mehrere Auszahlungen folgen, um dadurch eine Kapitalrückführung zu gewährleisten (Garhammer, 1998).

Diese Form der Finanzierung kann nicht nur ein Unternehmen in Anspruch nehmen, sie kann auch bei einer Privatperson oder eben einem Verein zum Tragen kommen. Beispielhaft hierfür wäre eine Kreditaufnahme bei einem Kreditinstitut zum Bau eines Stadions. Der aufgenommene Kreditbetrag wird dem Kreditinstitut in Raten, meist inklusive Zinsen, in einem festgelegten Zeitrahmen wieder zurückbezahlt. (Pape, 2009)

### 2.2. Definition von Innenfinanzierung

Finanzmittel, die aus der laufenden Geschäftstätigkeit als Umsatzerlöse, Zinsen, Beteiligungs- oder sonstige Erträge in das Unternehmen zurückfließen oder dortbehalten werden, stellen „Innenfinanzierungsmittel" dar (Gräfer, Schiller, Rösner, 2011). Die Innenfinanzierung lässt sich außerdem anhand der rechtlichen Stellung der Kapitalgeber abgrenzen. Dabei wird zwischen Eigenfinanzierung und Fremdfinanzierung unterschieden (Pape, 2009). Bei Fußballunternehmen wäre ein Beispiel der Innenfinanzierung der Verkauf materieller sowie immaterieller Vermögensgegenstände, wie beispielsweise das Namensrecht am Stadion (Dworak, 2010).

### 2.3. Definition von Außenfinanzierung

Bei der Außenfinanzierung wird dem Unternehmen zusätzliches Kapital von außen zugefügt. Auch hier kann wieder anhand der Rechtsstellung der Kapitalgeber zwischen Eigenfinanzierung und Fremdfinanzierung differenziert werden (Pape, 2009). Im Gegensatz zur Innenfinanzierung steht die Außenfinanzierung jedoch in keinem Zusammenhang zu den Absatzleistungen des Unternehmens (Jahrmann, 2003). Ein typisches Beispiel für eine Außenfinanzierung von Unternehmen oder Fußballclubs wäre eine Kreditaufnahme bei einer Bank (Pape, 2009).

| | Eigenfinanzierung | Fremdfinanzierung |
|---|---|---|
| Innenfinanzierung | • Verkauf materieller und immaterieller Vermögensgegenstände | • Rückstellungen |
| Außenfinanzierung | • Börsengang | • Bankkredite<br>• Asset- Backed Securities<br>• Fan-Anleihe |

*Abbildung 1: Finanzierungsalternativen im Überblick.*

## 3. Typische Finanzierungsmöglichkeiten im Profifußball und ihre Vor- und Nachteile für Fußballunternehmen

In diesem Kapitel sollen ausgewählte Finanzierungsmöglichkeiten, die Fußballunternehmen zur Verfügung stehen, genauer beleuchtet und ihre Vor- bzw. Nachteile aufgezeigt werden. Der Fokus dieser Hausarbeit soll dabei stärker auf den Instrumenten der Außenfinanzierung liegen, insbesondere den Fremdfinanzierungsmöglichkeiten.

## 3.1. Finanzierung durch Eigenkapital

Im Folgenden wird das klassische Instrument zur Innenfinanzierung durch Eigenkapital bei Fußballunternehmen vorgestellt.

## 3.1.1. Verkauf materieller und immaterieller Vermögensgegenständen

Eine Innenfinanzierungsmöglichkeit ist der Verkauf von materiellen Vermögensgegenständen. Dabei werden betriebsnotwenige Vermögensgegenstände des Anlagevermögens, welche sich bereits im Besitz des Fußballunternehmens befinden, wie beispielsweise das Stadion, durch ein Sale-Lease-Back-Verfahren an eine Leasinggesellschaft veräußert und zur weiteren Nutzung wieder selbst angemietet (Gräfer et al., 2011). Der wirtschaftliche Nutzen ergibt sich dadurch, dass durch den Verkauf des Vermögensgegenstandes gebundenes Kapital frei wird und dieses vom Unternehmen für Rückzahlungen von Verbindlichkeiten oder für neue Investitionen genutzt werden kann (Jahrmann, 2003). Der Nachteil eines solchen Verfahrens ist, dass jedes potenzielle Leasingobjekt nur einmal verkauft werden kann. Auch die Steuerpflichtigkeit solcher Gewinne aus dem Sale-Lease-Back-Verfahren muss beachtet werden (Pape, 2011).

Eine weitere Möglichkeit der Innenfinanzierung bei Fußballunternehmen ist der Verkauf von immateriellen Vermögensgegenständen. Dazu zählen neben den Erlösen aus Spieltransfers, welche auch als immaterielle Vermögensgegenstände angesehen werden, der Verkauf der Namensrechte am unternehmenseigenen Stadion. In der Saison 2016/17 besitzen 15 der 18 Bundesligisten nicht mehr selbst das Namensrecht an ihrer Heimstätte, da sie es an zahlungskräftige Unternehmen verkauft haben. Die Vergabe von Namensrechten bringt den Branchenführern der Fußballbundesliga bis zu sechs Millionen Euro jährlich ein (SPONSORs, 2016).

### 3.2. Finanzierung durch Fremdkapital

Im folgenden Kapitel sollen die wichtigsten Finanzierungsmöglichkeiten von Fußballunternehmen durch Außenfinanzierung vorgestellt werden.

### 3.2.1. Börsennotierung/Börsengang

Für ein Fußballunternehmen, welches als Rechtsform eine AG oder eine KGaA gewählt hat, besteht die Möglichkeit eines Börsengangs. Durch einen Börsengang ist es für das Unternehmen möglich, Kapital im Rahmen der Außenfinanzierung zu beschaffen (Zacharias, 1999).

Primär verfolgen Fußballunternehmen, durch die Emission von Aktien in Bezug auf die Finanzierungsziele, eine Erhöhung des Eigenkapitals (Pape, 2011). Borussia Dortmund ist bisher der einzige Verein in Deutschland, welcher im Jahre 2000 den Weg an die Börse wagte (Hasler, 2015).

Ein Nachteil, welcher für börsennotierte Fußballunternehmen entsteht, sind die umfangreicheren Publizitätspflichten, denen Aktiengesellschaften unterworfen sind und die einen negativen Einfluss auf die Wettbewerbsfähigkeit des Unternehmens haben können. Es müssen beispielsweise alle Ereignisse, die erhebliche Auswirkungen auf den Aktienkurs haben können, nach §15 WpHG unverzüglich veröffentlicht werden (Zacharias, 1999). So musste etwa der Wechselwunsch des ehemaligen Spielers von Borussia Dortmund Mats Julian Hummels zur FC Bayern München AG vorab als Ad-hoc-Meldung vom börsennotierten Fußballunternehmen Borussia Dortmund GmbH & Co. KGaA verbreitet werden (Borussia Dortmund GmbH & Co. KGaA., 2016).

Ein weiterer Nachteil von Fußballaktien liegt darin, dass ihre Kursentwicklung mehr vom sportlichen als vom wirtschaftlichen Erfolg des emittierenden Vereins abhängig ist. Der sportliche Erfolg ist jedoch kaum zu prognostizieren (Hasler, 2015).

### 3.2.2. Bankkredit

Die am weitesten verbreitete Außenfinanzierungsmöglichkeit bei deutschen Fußballunternehmen ist der klassische Hausbankkredit. Mehr als 50% des Fremdfinanzierungsvolumens im deutschen Lizenzfußball stammte in der Saison 2013/14 aus dieser Quelle. Jedoch ist in den letzten Jahren eine rückläufige Tendenz zu erkennen (DFL Deutsche Fußball Liga GmbH, 2014). Ein großer Vorteil des Bankenkredits ist dessen hohe Flexibilität: Der Verein kann zwischen einer variablen oder einer festen Nominalverzinsung wählen und er kann den Betrag als Einmalzahlung gegen Laufzeitende oder als Ratentilgung zurückbezahlen (Hasler, 2015).

Mitverantwortlich für die rückläufige Entwicklung des Bankkredits sind unter anderem die strengeren rechtlichen Bestimmungen. Bei einer Kreditaufnahme wird eine individuelle Bonitätseinschätzung, ein sogenanntes Rating durch den Kreditgeber gefordert. Ein schlechtes Rating wirkt sich negativ auf die Finanzierungskonditionen des Kreditnehmers aus. Im Rahmen dieser Bonitätsanalyse wird die rechtliche Kreditfähigkeit des Kreditnehmers sowie dessen persönliche und wirtschaftliche Kreditwürdigkeit geprüft (Pape, 2011). Die in der Regel ungünstigen Bonitätsbeurteilungen sind auf die Prognoseunsicherheit aufgrund der Abhängigkeit vom sportlichen Erfolg, einer tendenziell hohen Verschuldung sowie der fehlenden materiellen Vermögenswerte als mögliche Sicherheiten zurückzuführen. So war es in der Vergangenheit beispielsweise häufig möglich, dass Spielerwerte zur Absicherung von Verbindlichkeiten akzeptiert wurden. Dies wird jedoch oft nicht mehr anerkannt, da die Werthaltigkeit aus Sicht der Banken wegen des Verletzungsrisikos sowie der Formschwankungen der Spieler als kritisch beurteilt wird (Bühler, Gros, Wallek, 2013).

### 3.2.3. Asset Backed Securities (ABS)

Eine weitere Möglichkeit der Außenfinanzierung durch Fremdfinanzierung ist die Emission von ABS. Asset Backed Securities sind Wertpapiere, die durch die Verbriefung von Forderungen entstehen. Die Forderungen werden auf eine meist eigens hierfür gegründete Zweckgesellschaft bzw. auf ein Special Purpose Vehicle übertragen, verbrieft und emittiert (Pape, 2011). Anschließend wird die Bonität einer ABS von Ratingagenturen festgestellt, diese richtet sich nach der Qualität der Forderung im Hinblick auf die ihr zu Grunde liegenden Sicherheiten (Jahrmann, 2003). Bei Fußballunternehmen sind die verbrieften Forderungen meist feste Einkünfte, wie Einnahmen aus dem Ticketverkauf, Vermarktungseinnahmen, Sponsoringerlöse oder TV-Einnahmen (Kern, 2007).

Mit dom Vorkauf dor Forderungen wird auch das Ausfallsrisiko der Forderung verkauft. Verzinsung und Tilgung der Wertpapiere werden aus dem Geldfluss der Forderung bezahlt (Gräfer et al., 2011).

Ein Vorteil, welcher sich durch die Nutzung von Assets durch Fußballunternehmen ergibt, ist die Liquiditätsverbesserung durch den sofortigen Finanzmittelzufluss. Weiterhin unterliegen solche ABS-Anleihen für Clubs oft vorteilhafteren Zins- und Tilgungskonditionen als bei einer klassischen Kreditfinanzierung (Pape, 2011). Nachteile stellen vor allem die hohen Transaktionskosten für die Durchführung einer Finanzierung mit ABS dar. Deshalb kommt diese Finanzierungsform vor allem für hohe Kapitalvolumina in Frage (Gräfer et al., 2011).

Bekanntestes Beispiel aus der Deutschen Fußballbundesliga ist die von Schalke 04 ausgegebene ABS-Anleihe im Jahre 2002. Der Club verbriefte einen Großteil seiner zukünftigen Zuschauereinnahmen und erhielt dadurch 85 Millionen Euro von einer Investorengruppe, bestehend aus amerikanischen und britischen Versicherungen, sowie Pensionsfonds. Dieses Geld verwendete das Fußballunternehmen größtenteils, um alte Verbindlichkeiten zu tilgen. Die Ratingagentur Fitch beurteilte die Anleihe von Schalke 04 mit BBB und ordnete sie damit am unteren Ende der Bewertungsskala ein. Die Investorengruppe sollte dafür über einen Zeitraum von 23 Jahren Zins- und Tilgungszahlungen in Höhe von ca. 7,5 Millionen Euro jährlich erhalten (Kern, 2007).

### 3.2.4. Anleihe

Im nun folgenden Abschnitt wird auf die klassische Anleihefinanzierung eingegangen. Unter einer Anleihe, auch Schuldverschreibung genannt, versteht man ein langfristiges, festverzinsliches Darlehen, das ein Großunternehmen oder beispielsweise ein Fußballunternehmen bei vielen verschiedenen Darlehensgebern aufnimmt. Der Gesamtbetrag des Kredits wird dabei in mehrere Anteile zerstückelt. Diese Anteile heißen Teilschuldverschreibungen (Gräfer et al., 2011).

Der Emittent geht die Verpflichtung ein, diese Anteile nach einer festgelegten Zeit zurückzuzahlen. Der Zeitraum von der Ausgabe bis zur Rückzahlung, welcher als Laufzeit der Anleihe bezeichnet wird, kann sich über wenige Monate bis hin zu mehreren Jahren erstrecken.

Im Gegenzug erhält ein Anleger, welcher dem Fußballunternehmen Kapital zur Verfügung stellt, ein Entgelt. Dieses Entgelt wird meist in Form von Zinsen ausgezahlt, unabhängig vom Erfolg oder Misserfolg des Unternehmens. Dies stellt einen wesentlichen Unterschied zur Aktienfinanzierung dar. Es kann zwischen drei verschiedenen Typen von Anleihen unterschieden werden: einer festverzinslichen Anleihe, einer variabel verzinsten Anleihe und einer Nullkupon-Anleihe (Schuster & Uskova, 2015). Festverzinsliche Schuldverschreibungen zeichnen sich durch einen fixen Zinssatz aus, welcher über die gesamte Laufzeit festgesetzt wird. Bei variabel verzinsten Anleihen erfolgt alle drei bis zwölf Monate eine Zinsanpassung (Gräfer et al., 2011).

Nullkupon-Anleihen, auch Zerobonds genannt, sind Anleihen ohne laufende Zinszahlungen. Die Tilgung der Anleihe wird erst am Ende der Laufzeit vollzogen, und die Verzinsung ergibt sich aus der Differenz zwischen Emissions- und Tilgungskurs. (Geyer, Hanke, Littich, Nettekoven, 2009)

## 4. Fan-Anleihe

Eine weitere Anleiheform ist die sogenannte Fan-Anleihe. Ein wesentlicher Unterschied zu den bereits erwähnten Anleihetypen ist die Hauptzielgruppe einer Fan-Anleihe. Zum Abnehmerkreis solch einer Anleihe gehören meist die treuesten Anhänger eines Vereins. Eine gezielte Ansprache institutioneller Investoren findet bei der Platzierung von Fan-Anleihen nicht statt (Hasler, 2014).

### 4.1. Begriffsbestimmung

Von einer Fan-Anleihe wurde erstmals im Jahr 2005 gesprochen, als Hertha BSC Berlin als erster Fußballclub ein solches Wertpapier emittierte (Dworak, 2010). Die Fan-Anleihe stellt, wie auch die klassische Anleihefinanzierung, ein Instrument der Außenfinanzierung durch Fremdkapital dar. Die Stückelung der Anleihen in niedrige Nennbeträge, die Ausgabe von sogenannten Schmuckanleihen sowie eine auf die Wünsche der Anhänger ausgerichtete Vermarktungsstrategie erklärt, warum eine Fan-Anleihe nicht als klassische Anleihe angesehen wird (Huwer, 2014). Das Volumen und die Laufzeit solcher Fan-Anleihen sind teilweise sehr unterschiedlich. Das durchschnittliche Volumen aller bereits emittierten Anleihen beträgt knapp 7,5 Millionen Euro, die Verzinsung liegt durchschnittlich bei 5,6%. Bezüglich der Laufzeit sind sich alle Fan-Anleihen sehr ähnlich und bewegen sich zwischen fünf und sieben Jahren (Bezold & Lurk, 2016).

Ein wesentlicher Unterschied zu den bereits erwähnten Anleihetypen ist die Hauptzielgruppe einer Fan-Anleihe. Meist handelt es sich dabei, wie bereits erwähnt, um die treuesten Anhänger eines Vereins, wobei sich eine gezielte Ansprache institutioneller Investoren bei der Platzierung von Fan-Anleihen meist erübrigt (Hasler, 2014). In den meisten Fällen wird eine Ausgabe ausschließlich durch Eigenemission des Fußballunternehmens vorgenommen. Dies bedeutet, dass die Anleihe keine Börsennotierung aufweist und daher auch kein Rating einer Ratingagentur erhält. Der Absatz erfolgt üblicherweise über die Vereinshomepage, durch Fanshops, die Geschäftsstelle, regionale Banken sowie mithilfe von Sonderveranstaltungen, wie der Saisoneröffnung oder andere ähnliche Events (Bezold & Lurk, 2016).

## 4.2. Mittelverwendung einer Fan-Anleihe

Die im Anleiheprospekt angegebenen Gründe der Emission einer Fan-Anleihe sind sehr verschieden. In den meisten Fällen jedoch werden die finanziellen Mittel für langfristige Investitionsprojekte, wie beispielsweise allgemeine Strukturinvestitionen für einen Stadionum- oder -neubau, oder auch für Investitionen im Bereich der Nachwuchsförderung verwendet. Umschuldungsmaßnahmen werden bevorzugt von finanziell angeschlagenen Fußballvereinen mit schwacher Ertragslage und negativem Eigenkapital vorgenommen (Hasler, 2014). Jedoch gab es auch Fälle, in denen ein Fußballunternehmen die Erträge aus einer Fan-Anleihe vordergründig für den Aufbau eines sportlich erfolgreichen Kaders nutzen wollte, wie zum Beispiel der TSV 1860 München (TSV München von 1860 GmbH & Co. KGaA, 2010). Dies hatte auch eine Auswirkung auf die Platzierungsquote, welche bei dieser Anleihe sehr niedrig war. Die Absicht, sich nur auf kurzfristigen Erfolg zu fokussieren, kann die Zahlungsbereitschaft verringern, da Investitionen in die Infrastruktur oder die Nachwuchsförderung aus Sicht der Fans eine höhere Erfolgswahrscheinlichkeit versprechen (Bezold & Lurk, 2016).

## 4.3. Kaufmotive einer Fan-Anleihe

Die Motive für einen Kauf einer Anleihe eines Fußballunternehmens sind vielfältig. Üblicherweise wird einem Anleger am Kapitalmarkt rationales Handeln unterstellt, was bedeutet, dass er die Alternative bevorzugt, durch welche er finanziell am besten gestellt wird. Jedoch steht bei den wenigsten Anteilzeichnern einer Fan-Anleihe die Gewinnmaximierung des eingesetzten Kapitals an erster Stelle (Korthals, 2005). Gerade die langfristige, meist lebenslange Bindung eines Fans an seinen Verein hat zur Folge, dass der Erwerb einer Anleihe einen ähnlichen Stellenwert hat, wie etwa der Stadionbesuch oder der Kauf eines Trikots (Hasler, 2015). Wie Huth, Gros und Kühr (2014) verdeutlichen, kann von einer emotionalen Bindung zwischen Fans und ihrem jeweiligen Club ausgegangen werden, wodurch die Zeichnungsentscheidung wesentlich beeinflusst wird. Deshalb dominieren bei einem Kauf einer solchen Anleihe die intrinsischen Motive. Dennoch stellen Fußballfans, die eine Fußballanleihe auch wegen der Rendite erwerben, ihrem Lieblingsverein Kapital nur dann zur Verfügung, wenn sie dem Management vertrauen (Hasler, 2015).

## 4.4. Sammlerobjekt Schmuckanleihe

Eine besondere Stellung bei der Ausgabe von Fan-Anleihen nehmen die sogenannten Schmuckanleihen ein, welche einzeln verbriefte Inhaberschuldverschreibungen in Form von Urkunden sind. Oft weisen diese Urkunden Nennwerte mit dem Gründungsjahr des Vereins oder anderen wichtigen Jahreszahlen auf (Bezold & Lurk, 2016). Diese Schmuckanleihen enthalten in der Regel bestimmte Clubmotive, sind farblich ansprechend gestaltet und werden meist in Kombination mit einem Bilderrahmen ausgeliefert. Schmuckanleihen haben also auch einen ideell-emotionalen Wert (Hasler, 2014). Des Weiteren bieten die Vereine oft mehrere Darstellungsvarianten der Fan-Anleihe zu niedrigen Nennwerten an. Damit will der emittierende Verein bewirken, dass der Zeichner nicht nur eine Schmuckanleihe erwirbt, sondern möglichst den kompletten Angebotssatz. Bei der Schmuckanleihe erfolgt die Zahlung von Zinsen und Kapital ausschließlich gegen Einreichung der ausschneidbaren einzelnen Jahreszinsscheine bzw. der Schmuckurkunde bei einer der Zahlstellen (Bezold & Lurk, 2016).Daraus ergibt sich auch ein wesentlicher Vorteil aus Sicht der Fußballunternehmen, denn wegen der optischen Zerstörung der Urkunde, durch das Ausschneiden der einzelnen Coupons verzichten viele Fans nicht nur auf die jährliche Zinszahlung, sondern auch auf die Rückzahlung des Anleihe-Nominalbetrags, da sie die Urkunde lieber behalten wollen. Die Vereine müssen daher oft einen erheblichen Teil der Zinszahlungen und Nennbeträge niemals zurückzahlen (Sponsors, 2012).

*Abbildung 2: FC Köln Schmuckanleihe 2016|2024 (1. FC Köln GmbH & Co. KGaA, 2016).*

## 4.5. Vor- und Nachteile einer Fan-Anleihe gegenüber anderen Finanzierungsformen

Da keine Vermögensgegenstände oder zukünftige Einnahmen als Sicherheit bei einer Emission einer Fan-Anleihe gegeben sein müssen, ist dies ein entscheidender Vorteil der Fan-Anleihe gegenüber einer Kreditaufnahme bei einer Bank. Daher ist es auch gerade für Vereine, die sich in einer schlechten finanziellen Lage befinden, möglich, zusätzliche liquide Mittel zu beschaffen (Huwer, 2014). In mehreren Fällen wiesen Fußballunternehmen zum Emissionszeitpunkt ihrer Anleihe einen Jahresfehlbetrag in Millionenhöhe, einige sogar negatives Eigenkapital aus (Weimar & Fox, 2012). Grundsätzlich benötigt der Verein auch keine bestimmte Rechtsform, um eine Fan-Anleihe emittieren zu können, anders als beispielsweise bei einem Börsengang, der eine Umwandlung in eine AG oder KGaA voraussetzt (Bezold & Lurk, 2016). Ein weiterer Vorteil sind die meist vorteilhafteren Zinskonditionen bei einer Fan-Anleihe im Vergleich zu einem Bankkredit. Da sich die meist ungünstigen Bonitätsbeurteilungen in den Finanzierungskonditionen des Kredits widerspiegeln, ist es für Fußballunternehmen oft lukrativer, eine Fan-Anleihe zu platzieren anstatt einen Kredit aufzunehmen (Hasler, 2014).

Dadurch, dass die Käufer der Anleihe nicht am Eigenkapital des Fußballunternehmens beteiligt sind, stehen den Käufern auch keine Einflussmöglichkeiten auf die sportliche und operative Entwicklung des Vereins zu, wodurch solch eine Anleihe nicht in Konflikt mit den Regularien des DFB steht, was einen weiteren Vorteil dieser Anleiheform darstellt (Weimar & Fox, 2012). Ein Nachteil gegenüber den klassischen Finanzierungsformen besteht darin, dass ein gutes Image, ein hoher Bekanntheitsgrad und eine große Popularität des Vereins wichtige Voraussetzungen für eine erfolgreiche Platzierung einer Fan-Anleihe sind (Bezold & Lurk, 2016). Ein weiteres Manko der Fan-Anleihen ist ihre lange Realisationszeit. Durch die umfangreichen Vorarbeiten von der Erstellung des Wertpapierprospekts über die Vermarktung der Anleihe bis hin zur endgültigen Emission dauert es mehrere Monate oder sogar bis zu einem Jahr. Ein Bankkredit hingegen lässt sich meist innerhalb weniger Wochen realisieren (Hasler, 2014).

## 5. Tabellarische Darstellung bereits emittierten Fan-Anleihen

*Tabelle 1: Übersicht von ausgewählten Merkmalen bereits emittierten Fan-Anleihen (Bezold & Lurk, 2016, S. 69-86 ).*

| Emittent | Emission | Laufzeit | Emissionsvolumen | Verzinsung | Plazierungsquote | Anteil Schmuckanleihen | Jahresabschluss im Jahr vor Emission |
|---|---|---|---|---|---|---|---|
| Hertha BSC GmbH & Co. KGaA | Jan 05 | 6 Jahre | 6 Millionen Euro | 5,2% p.a. | 75,00% | 50,00% | -5,65 Millionen Euro |
| 1. FC Köln GmbH & Co. KGaA | Aug 05 | 6 Jahre | 5 Millionen Euro | 5% p.a. | 100,00% | 40,00% | 0,01 Millionen Euro |
| DSC Arminia Bielefeld GmbH & Co. KGaA | Sep 06 | 5 Jahre | 3 Millionen Euro | 7,5% p.a. | 100,00% | 33,33% | 0,01 Millionen Euro |
| Alemannia Aachen GmbH | Juni 08 | 5 Jahre | 5 Millionen Euro | 6% p.a. | 84,00% | 28,00% | 1,32 Millionen Euro |
| 1. FC Nürnberg e.V. | Apr 10 | 6 Jahre | 6 Millionen Euro | 6% p.a. | 100,00% | 37,50% | -4,79 Millionen Euro |
| FC Gelsenkirchen-Schalke 04 e.V. | Juli 10 | 6 Jahre | 15 Millionen Euro | 5,5% p.a. | 72,00% | 40,00% | -16,76 Millionen Euro |
| TSV München von 1860 GmbH & Co. KGaA | Juli 10 | 5 Jahre | 9 Millionen Euro | 6% p.a. | 7,78% | 33,33% | -1,11 Millionen Euro |
| Hertha BSC GmbH & Co. KGaA | Nov 10 | 6 Jahre | 6 Millionen Euro | 5% p.a. | 58,33% | 48,20% | -5,98 Millionen Euro |
| DSC Arminia Bielefeld e.V. | Sep 11 | 5 Jahre | 4 Millionen Euro | 6,5% p.a. | 50,00% | 25,00% | -1,17 Millionen Euro |
| F.C. Hansa Rostock e.V. | Okt 11 | 6 Jahre | 5 Millionen Euro | 5% p.a. | 8,00% | 60,00% | -4,54 Millionen Euro |
| Millerntorstadion Betriebs-GmbH & Co. KG | Nov 11 | 6,8 Jahre | 8 Millionen Euro | 6% p.a. | 100,00% | 45,00% | -0,6 Millionen Euro |
| FC Gelsenkirchen-Schalke 04 e.V. | Juni 12 | 7 Jahre | 50 Millionen Euro | 6,75% p.a. | 100,00% | 0,00% | 4,87 Millionen Euro |
| 1. FC Köln GmbH & Co. KGaA | Aug 12 | 5 Jahre | 10 Millionen Euro | 5% p.a. | 100,00% | 50,00% | 0,11 Millionen Euro |
| Hamburger Sport-Verein e.V. | Sep 12 | 7 Jahre | 17,5 Millionen Euro | 6% p.a. | 100,00% | 40,00% | -6,61 Millionen Euro |
| 1. FC Kaiserslautern e.V. | Feb 13 | 6,5 Jahre | 6 Millionen Euro | 5% p.a. | 100,00% | 50,00% | 3,24 Millionen Euro |
| Meidericher Spielverein 02 e.V. Duisburg | Sep 13 | 5 Jahre | 5 Millionen Euro | 5% p.a. | 13,20% | 34,57% | -3,87 Millionen Euro |
| Hertha BSC GmbH & Co. KGaA | März 16 | 3 Jahre | 1 Million Euro | 4,5% p.a. | 100,00% | 0,00% | -7,8 Millionen Euro |
| FC Gelsenkirchen-Schalke 04 e.V. | Juni 16 | 5 Jahre | 25 Millionen Euro | 4,25% p.a. | 100,00% | 0,00% | 22,5 Millionen Euro |
| FC Gelsenkirchen-Schalke 04 e.V. | Juni 16 | 7 Jahre | 25 Millionen Euro | 5% p.a. | 100,00% | 0,00% | 22,5 Millionen Euro |
| 1. FC Köln GmbH & Co. KGaA | Aug 16 | 8 Jahre | 15,5 Millionen Euro | 3,5% p.a. | 100,00% | 19,35% | 2,71 Millionen Euro |

## 6. Fazit und Ausblick

Nach Abwägung der Vor- und Nachteile der Emission von Fan-Anleihen kann die Erkenntnis gezogen werden, dass Fan-Anleihen ein sinnvolles, berücksichtigungswertes, alternatives und ergänzendes Finanzierungsinstrument darstellen. Allerdings gilt zu beachten, dass emittierende Vereine über eine große überregionale Bekanntheit verfügen sollten, um eine erfolgreiche Platzierung zu erzielen (Weimar & Fox, 2012). Verwendet werden die Emissionserlöse überwiegend für langfristige Investitionen, da es deutlich riskanter ist, diese Mittel für kurzfristige Ziele, wie beispielsweise den Aufbau eines sportlich erfolgreichen Kaders, zu nutzen (Dworak, 2010). Jedoch gibt es auch Beispiele, bei denen Fan-Anleihen nicht zurückbezahlt werden konnten. Zum Beispiel flossen große Teile der 4,2 Millionen Euro umfassenden „Tivoli Anleihe", welche im Jahre 2008 emittiert wurde, in die Insolvenzmasse der Alemannia Aachen GmbH (Alemannia Aachen GmbH, 2013).

Man kann damit rechnen, dass zukünftig Fußballunternehmen verstärkt auf das Finanzierungsinstrument der Fan-Anleihe zurückgreifen werden, da die immer strenger werdenden rechtlichen Bestimmungen bei der Aufnahme von Bankkrediten negative Auswirkungen auf die Finanzierungskonditionen der Fußballvereine haben. Dadurch ist es für Fußballunternehmen oftmals interessanter, sich durch eine Fan-Anleihe, relativ günstig mittel- bis langfristiges Fremdkapital zu beschaffen (Bezold & Lurk, 2016).

Besonders lukrativ für die Vereine kann die vermehrte Ausgabe von Schmuckanleihen sein. Durch die Handhabung einer solchen Schmuckurkunde als Fanartikel will der Zeichner seine Urkunde oftmals nicht zerstören, geschweige denn sie zurückgeben. Dadurch entstehen für den Verein erhebliche finanzielle Vorteile, welche jedoch noch nicht empirisch überprüft worden sind (Huwer, 2014). Ziele zukünftiger Studien könnten sein, die tatsächlichen Verzichtquoten der Schmuckanleihen zu ermitteln bzw. ihre Gründe empirisch zu erfassen.

# Literaturverzeichnis

Alemannia Aachen GmbH. (2013). *Stellungnahme der Alemannia zur Tivoli Anleihe.* Zugriff am 01.März 2017 unter: *http://www.alemannia-aachen.de/aktuelles/nachrichten/details/Stellungnahme-der-Alemannia-zur-Tivoli-Anleihe-21851c/.*

Bezold, T. & Lurk. T., (2016). *Fan-Anleihen als Finanzierungsinstrument im Profifußball. Analyse – Bewertung – Praxisfälle.* Berlin: Schmidt.

Borussia Dortmund GmbH & Co. KGaA. (2016). *Wechselgerücht um den BVB Spieler Mats Julian Hummels.* Zugriff am 26. Februar 2017 unter http://aktie.bvb.de/IR-News/Ad-Hoc-News/Wechselgeruechte-um-den-BVB-Spieler-Mats-Julian-Hummels.

Bühler, H., Gros, M., & Wallek, C. (2013). Alternative Finanzierungsinstrumente im Profifußball. Neue Anforderungen an die Rechnungslegung der Fußballunternehmen. *Betriebswirtschaftliche Forschung und Praxis. 2013(5),* 545-546.

DFL Deutsche Fußball Liga GmbH. (2014). *Report 2014. Die wirtschaftliche Situation im Lizenzfußball.* Frankfurt a. M.

DFL Deutsche Fußball Liga GmbH. (2017). *Bundesliga Report 2016. Die wirtschaftliche Situation im Lizenzfußball.* Frankfurt: DFL.

Dworak, A. (2010). *Finanzierung für Fußballunternehmen. Erfolgreiche Wege der Kapitalbeschaffung.* Berlin: Erich Schmidt.

1. FC Köln GmbH & Co. KGaA. (2016). *Die Schmuckurkunden.* Zugriff am 04. März 2017 unter: https://www.fc-koeln.de/fc-info/club/dokumente/anleihe-20162024/die-urkunden/.

Garhammer, C. (1998). *Grundlagen der Finanzierungspraxis. Mit Aufgaben und Lösungen.* (2. Auflage). Wiesbaden: Gabler.

Geyer, A., Hanke, M., Littich, E., Nettekoven, M., (2009). Grundlagen der Finanzierung. Verstehen – berechnen – entscheiden. (3.Auflage) Wien: Linde.

Gräfer, H., Schiller, B., Rösner, S. (2011). *Finanzierung. Grundlagen, Institutionen, Instrumente und Kapitalmarkttheorie.* (7., durchgesehene Auflage). Berlin: Schmidt.

Hasler, P. T. (2014). *Anleihen von Fußballunternehmen in Deutschland. Finanzierung im Spannungsfeld emotionaler Bindung und Rendite.* (Essentials). Wiesbaden: Springer Fachmedien.

Hasler, P. T. (2015). *Fußballvereine am Kapitalmarkt. Wie sich der Fußball an der Börse finanziert.* (Essentials). Wiesbaden: Springer Fachmedien.

Huth, C., Gros, M., Kühr, C. (2014). Fananleihen deutscher Fußballunternehmen – Eine empirische Untersuchung des Anlageverhaltens der Zeichner. *Coporate Finance, 2014*(1), 7-16.

Huwer, E. (2014). *Der Jahresabschluss von Fußballunternehmen. Branchenspezifische Rechnungslegung nach HGB im Lizenzfußball.* Berlin: Schmidt.

Jahrmann, F. U. (2003). *Finanzierung. Darstellung, Kontrollfragen, Fälle und Lösungen.* (5. Auflage) Herne: Verlag Neue Wirtschafts-Briefe.

Jahrmann, F. U. (2009). *Finanzierung. Darstellung, Kontrollfragen, mit Aufgaben und Lösungen.* (6. Auflage). Herne: Verlag Neue Wirtschafts-Briefe.

Kern, M. (2007). *Besonderheiten der Unternehmensfinanzierung und Investitionseffizienz im professionellen Fußball.* Hamburg: Kovač.

Korthals, J. P., (2005). *Bewertung von Fußballunternehmen. Eine Untersuchung am Beispiel der Deutschen Bundesliga.* Wiesbaden: Deutscher Universitäts-Verlag.

Pape, U. (2009). *Grundlagen der Finanzierung und Investition. Mit Fallbeispielen und Übungen.* München: Oldenbourg.

Pape, U. (2011). *Grundlagen der Finanzierung und Investition. Mit Fallbeispielen und Übungen. (2. Auflage).* München: Oldenbourg.

Schuster, T. & Uskova, M. (2015). *Finanzierung. Anleihen, Aktien, Optionen.* Berlin: Springer.

SPONSORS. (2012). *Eins, Zwei, Risiko.* Zugriff am 26.Februar 2017 unter http://www.sponsors.de/eins-zwei-risiko.

SPONSORS. (2016). *Naming-Right-Übersicht Bundesliga 2016/17.* Zugriff am 26.Februar 2017 unter http://www.sponsors.de/sites/default/files/rg_naming-rights_bundesliga.pdf.

TSV München von 1860 GmbH & Co. KGaA (2010). *Wertpapier Prospekt Löwen-Anleihe.* Zugriff am 01.März 2017 unter http://www.loewen-anleihe.de/data/1860_wertpapier_prospekt.pdf.

Weimar, D. & Fox, A. (2012). Fananleihen als Finanzierungsmöglichkeit von Sportclubs? Eine Bestandsaufnahme am Beispiel der Fußballbundesliga. *Coporate Finance, 2012*(4), 181-187.

Zacharias, E. (1999). *Going Public einer Fußball-Kapitalgesellschaft. Rechtliche, betriebswirtschaftliche und strategische Konzepte bei der Vorbereitung der Börseneinführung eines Fußball-Bundesligavereins.* Bielefeld: Schmidt.

# BEI GRIN MACHT SICH IHR WISSEN BEZAHLT

- Wir veröffentlichen Ihre Hausarbeit,
  Bachelor- und Masterarbeit

- Ihr eigenes eBook und Buch -
  weltweit in allen wichtigen Shops

- Verdienen Sie an jedem Verkauf

Jetzt bei www.GRIN.com hochladen
und kostenlos publizieren

GRIN ☺